ENTRENAMIENTO FUNCIONAL

SALUD FÍSICA Y MENTAL
DÍA A DÍA

CARLOS DE MIGUEL
CARLA HUÉLAMO

www.entrenamiento-funcional.guiaburros.es

EDITATUM

Diseño de cubierta: © Marta Villarín (EDITATUM)
Maquetación de interior: © EDITATUM

Primera edición: diciembre de 2024

ISBN: 978-84-19731-86-9
Depósito Legal: M-M-24207-2024

IMPRESO EN ESPAÑA/ PRINTED IN SPAIN

Te invitamos a registrar la compra de tu libro o *e-book* dándote de alta en el **Club GuíaBurros,** obtendrás directamente un cupón de **2 € de descuento** para tu próxima compra.

Además, si después de leer este libro lo has considerado útil e interesante, te agradeceríamos que hicieras sobre él una **reseña honesta en cualquier plataforma de opinión** y nos enviaras un *e-mail* a **opiniones@guiaburros.es** para poder, desde la editorial, enviarte **como regalo otro libro de nuestra colección.**

Sobre los autores

Carlos de Miguel, es *coach*. Tiene estudios superiores y es experto en entrenamiento funcional, entrenamiento específico para mujeres, recuperación de lesiones y ciclo *indoor*. Se formó en la Federación Española de Actividades Dirigidas y Fitness como entrenador personal de niveles I y II. Es experto en nutrición, dietética deportiva y en fundamentos de la motricidad humana.

Experto en sala *fitness* y entrenamiento específico de fuerza, además de contar con la titulación de entrenador específico para la recuperación de lesiones. En el área del ciclo *indoor* se formó con la escuela Bestcyling como instructor de esta modalidad deportiva. También ha realizado formaciones con *Pure Power Cycle* en entrenamiento de ciclo *indoor* de alta intensidad.

Con una experiencia de diez años en el mundo del acondicionamiento físico, fundó en mayo de 2021 Body Lab Workout, un centro deportivo basado en el entrenamiento funcional en grupos reducidos y el ciclo *indoor,* además de entrenamiento personal específico para la mejora de la condición física y la recuperación de lesiones.

Su objetivo fue alejarse de todo aquello con lo que no estaba de acuerdo dentro del mundo del *fitness.* Realiza entrenamientos de calidad en grupos reducidos, con un conocimiento e información física de todos los deportistas por parte del instructor y una programación no solo basada en el entrenamiento, sino también en la diversión.

....

Ambos comparten el lema:

"Entrena tu cuerpo, libera tu mente".

....

Carla Huélamo, es licenciada en Comunicación Corporativa por la UNIR y *coach* deportiva con estudios superiores. Es experta en entrenamiento funcional, entrenamiento específico para mujeres, recuperación de lesiones y ciclo *indoor*. Se formó en la Federación Española de Actividades Dirigidas y Fitness como entrenadora personal de los niveles I y II. Es experta en nutrición, dietética deportiva y en fundamentos de la motricidad humana, también en *fitness* de sala, entrenamiento específico de fuerza y técnicas hipopresivas. En el área del ciclo *indoor* se formó con la escuela Bestcyling como instructora de esta modalidad deportiva.

Se desarrolla profesionalmente como directora de comunicación. Es cofundadora de Body Lab Workout, un centro deportivo basado en el entrenamiento funcional en grupos reducidos y el ciclo *indoor,* además de entrenamiento personal específico para la mejora de la condición física y la recuperación de lesiones.

Agradecimientos

A nuestras familias, que son el motor de nuestra vida.

A nuestras madres, que lo dan todo por nosotros.

A nuestros amigos, que nos apoyan y nos cuidan siempre.

A nuestros alumnos. Sin ellos nada tendría sentido.

A Jose y Elena, la tercera y cuarta pata de Body Lab, que nos acompañan en el camino siempre.

A quienes nos cuidan desde arriba, ojalá estéis orgullosos.

A todos vosotros, gracias por ser el alma, corazón y motor de Body Lab Workout.

Índice

Prólogo

Es un placer presentar a dos de las personas más inspiradoras y apasionadas que he tenido el honor de conocer. Como amigos, he tenido la oportunidad de ver cómo han construido sus vidas alrededor de la actividad física y el deporte. Es un verdadero placer ver cómo han logrado fusionar su pasión con su amor mutuo.

En este libro, la pareja comparte sus experiencias y conocimientos sobre el mundo del *fitness,* compartiendo sus estrategias y consejos para mantenerse en forma y alcanzar sus objetivos. A lo largo de estas páginas, podrás descubrir cómo han superado desafíos y logrado alcanzar sus metas, y cómo han encontrado una forma de hacer que su amor por el deporte sea una parte integral de su relación.

Este libro es un homenaje a su dedicación y pasión por el *fitness,* y un testimonio de cómo la amistad y el amor pueden ser una fuente de inspiración y motivación para alcanzar nuestros objetivos. Espero que disfrutes leyendo sobre sus aventuras y logros, y que te inspiren a seguir tus propios sueños y objetivos.

Jose Luis Pérez Cañadas
Coordinador de gimnasios Viva Gym

19

El entrenamiento funcional y sus beneficios

Debido a su enfoque integral y práctico en la mejora de la condición física, el entrenamiento funcional es una modalidad de ejercicio que ha ganado popularidad en los últimos años. A diferencia de los entrenamientos tradicionales, que se centran en el desarrollo de grupos musculares específicos, el entrenamiento funcional busca mejorar la capacidad del cuerpo para realizar las actividades cotidianas de manera eficiente y segura.

Es un enfoque de ejercicio completo que mejora significativamente la salud física y mental. Este tipo de entrenamiento mejora significativamente la funcionalidad y la calidad de vida, al concentrarse en movimientos que imitan las actividades diarias. El entrenamiento funcional puede ser esencial para alcanzar tus objetivos de bienestar, ya sea que estés buscando mejorar tu rendimiento deportivo, prevenir lesiones o simplemente llevar un estilo de vida más activo y saludable. En este capítulo se tratará sobre qué es el entrenamiento funcional, sus fundamentos y las ventajas para la salud y el bienestar general. Lo primero que debemos saber es que se basa en la realización de movimientos que imitan los patrones de movimiento que usamos en la vida diaria. Estos movimientos incluyen acciones como levantar, empujar, tirar, agacharse, girar y caminar.

El objetivo principal es mejorar la coordinación, el equilibrio, la agilidad y la resistencia, así como fortalecer los músculos centrales (*core*) y los grupos musculares. Este tipo de ejercicio combina ejercicios de peso corporal con el uso de herramientas como bandas de resistencia, pesas libres, balones medicinales o *kettlebells,* entre otras.

El entrenamiento funcional se basa en cuatro principios, que son fundamentales para un buen desarrollo de esta modalidad de entrenamiento.

1. **Movilidad y flexibilidad.** Trabajar en la movilidad y la flexibilidad es fundamental antes de comenzar cualquier programa de entrenamiento funcional. Esto mejora el rango de movimiento de las articulaciones y reduce las lesiones, lo que hace que los ejercicios sean más efectivos.

2. **Estabilidad del núcleo.** Un núcleo fuerte es esencial para el entrenamiento funcional. El *core*, que incluye los abdominales, los oblicuos y los músculos de la espalda baja, sirve como el centro de fuerza y estabilidad del cuerpo.

3. **Patrones de movimiento.** Los ejercicios se enfocan en patrones de movimiento completos en lugar de movimientos aislados. Esto incluye ejercicios compuestos que trabajan a la vez varios grupos musculares, como sentadillas, sentadillas búlgaras, levantamientos y apretamiento de hombros.

4. **Progresión y adaptación.** La progresión gradual es la base del entrenamiento funcional. A medida que el cuerpo se adapta a ciertos ejercicios, los movimientos que siguen desafiando al cuerpo se vuelven más difíciles y complejos.

El entrenamiento funcional tiene incontables beneficios, como ya te hemos explicado al principio de este capítulo.

A continuación, enumeraremos siete de los más importantes:

1. **Mejora la funcionalidad diaria.** El entrenamiento funcional mejora la capacidad para realizar tareas diarias con mayor facilidad y menor riesgo de lesiones, al centrarse en movimientos que reflejan las actividades diarias.

2. **Previene lesiones.** Al fortalecer el corazón y aumentar la estabilidad y el equilibrio, reduce la probabilidad de sufrir lesiones tanto durante el ejercicio como en la vida diaria.

3. **Incrementa la fuerza y la resistencia.** Los ejercicios funcionales trabajan múltiples grupos musculares al mismo tiempo, lo que aumenta la fuerza y la resistencia muscular en general.

4. **Mejora del equilibrio y la coordinación.** Muchos ejercicios funcionales requieren el equilibrio y la coordinación, lo que los mejora significativamente.

Esto es beneficioso tanto para los atletas como para personas de todas las edades.

5. **Es versátil y variado.** El entrenamiento funcional se adapta a cualquier nivel de condición física y es muy versátil. Los ejercicios se pueden ajustar para aumentar o disminuir su dificultad, lo que los hace accesibles para principiantes y desafiantes para atletas con más experiencia.

6. **Quema de calorías y control de peso.** Los ejercicios compuestos y de alta intensidad del entrenamiento funcional ayudan a quemar una cantidad significativa de calorías, lo que ayuda a mejorar el control del peso y el metabolismo.

7. **Proporciona bienestar mental.** El ejercicio funcional, como cualquier otro tipo de ejercicio, libera endorfinas, lo que mejora el estado de ánimo y reduce el estrés y la ansiedad.

Dentro de los múltiples beneficios que aporta a nuestra vida el entrenamiento funcional, tiene una ventaja respecto a otras modalidades de entrenamiento, el entrenamiento funcional en grupos reducidos. El entrenamiento en grupos pequeños tiene muchas ventajas, por lo que es una opción atractiva para muchas personas que buscan mejorar su condición física y bienestar general. Estos son algunos de los principales beneficios:

Beneficios del entrenamiento funcional en grupos reducidos

Entrenar en grupo ofrece una variedad de beneficios que pueden transformar la experiencia de ejercicio físico en algo más que una rutina saludable. Durante años hemos observado cómo los usuarios de gimnasios abandonaban debido a la falta de confianza a la hora de ejecutar ejercicios en máquinas y la falta de adherencia a una rutina de deporte por la falta de motivación.

Sin embargo, el entrenamiento funcional en grupos reducidos presenta ventajas significativas tanto para principiantes como para deportistas experimentados. Al compartir el esfuerzo y la superación con otros, las personas pueden encontrar una fuente adicional de inspiración y apoyo, haciendo del ejercicio una actividad más agradable y sostenible a largo plazo.

- **Mejora el rendimiento.** Algunos estudios han demostrado que entrenar en grupos reducidos puede ayudar a perder más peso y mejorar el rendimiento físico.

- **Sentimiento de pertenencia a un grupo.** La unión y el apoyo mutuo motivan a seguir entrenando.

- **Mayor compromiso y responsabilidad.** Al ser parte de un grupo, se siente la responsabilidad de asistir y no defraudar a los compañeros.

- **Estimula la competitividad.** La sana competencia entre amigos puede impulsar a dar lo mejor.

- **Ameniza el entrenamiento.** La compañía hace que el ejercicio sea más llevadero y divertido.

- **Mayor motivación.** el grupo te anima incluso en los días difíciles.

- **Atención personalizada.** La atención individualizada que reciben los participantes durante el entrenamiento funcional en grupos reducidos es uno de los mayores beneficios. Con menos personas en la clase, los entrenadores pueden dedicar más tiempo a cada individuo, corrigiendo su técnica y asegurándose de que realicen los ejercicios de manera segura y efectiva. Esto mejora los resultados del entrenamiento al mismo tiempo que reduce las lesiones.

- **Motivación y apoyo.** Trabajar en un grupo pequeño fomenta la camaradería y el apoyo mutuo. Los participantes se motivan entre sí, lo que puede ser especialmente útil cuando uno se siente menos motivado. El desarrollo de un sentido de comunidad en estos grupos también puede hacer que el entrenamiento sea más divertido y menos monótono.

- **Variedad y adaptabilidad.** El entrenamiento funcional se distingue por su adaptabilidad y variedad. Los ejercicios se pueden adaptar fácilmente a diferentes niveles de habilidad y condición física. El entrenador puede ajustar los ejercicios para cada participante en un grupo reducido, asegurándose de que todos se desafíen adecuadamente sin sentirse abrumados.

- **Mejora de la técnica.** Los participantes tienen más oportunidades de mejorar su técnica con una atención más individualizada. Para maximizar los beneficios del ejercicio y reducir el riesgo de lesiones, es esencial utilizar una buena técnica. Los entrenadores pueden brindar retroalimentación y correcciones inmediatas, lo que es más difícil de hacer en clases más grandes.

- **Resultados más rápidos.** Los deportistas en grupos reducidos a menudo ven resultados más rápidos gracias a la atención personalizada y la corrección de la técnica. Cada sesión de entrenamiento es efectiva y eficiente gracias a la combinación de ejercicios variados y adaptados a las necesidades individuales.

- **Flexibilidad y conveniencia.** Adaptables, lo que facilita la búsqueda de un grupo que se adapte a las necesidades y disponibilidad de cada persona. Además, una relación más cercana con el entrenador permite una mejor comunicación y ajustes según sea necesario en el programa de entrenamiento.

- **Beneficios psicológicos.** El entrenamiento en grupo tiene también ventajas psicológicas. La interacción social y el apoyo del grupo pueden aliviar el estrés y mejorar el estado de ánimo. Además, lograr objetivos de *fitness* en un entorno que brinda apoyo puede aumentar la confianza en uno mismo y la autoestima.

En conclusión, el entrenamiento funcional en grupos reducidos combina las ventajas del trabajo en equipo con las ventajas del entrenamiento personalizado. ofrece una atención más individualizada, mejora la técnica y crea un entorno motivador y de apoyo, lo que resulta en un entrenamiento más efectivo y agradable.

Las reglas no escritas de cualquier entrenamiento

En cualquier actividad física, debemos ser conscientes de cómo trabaja nuestro cuerpo, cuáles son las posturas adecuadas para poner énfasis en el músculo que queremos trabajar y, también, las **seis reglas básicas** no escritas de cualquier entrenamiento funcional y de fuerza:

Primera regla: activa el abdomen

Debemos realizar una respiración abdominal, llevando el aire del ombligo a la espalda tratando de expandirlo hacia el exterior. De esta forma, conseguimos activar nuestra musculatura. Dicho de otro modo, cerramos el abdomen. De esta forma, activamos nuestro *core*, pero también protegemos las lumbares a la hora de realizar cualquier ejercicio de fuerza. Eso sí, no debemos olvidarnos de respirar: no trabajamos en apnea, siempre buscamos una respiración coherente con el ejercicio que estamos realizando.

Segunda regla: ten la espalda recta

Mantener la espalda recta mientras se practica deporte es crucial, por varias razones relacionadas con la salud, el rendimiento y la prevención de lesiones. Entre ellas, la protección de la columna vertebral, la reducción de estrés en articulaciones y la mejora del rendimiento deportivo gracias a los múltiples beneficios posturales a largo plazo.

Tercera regla: mantén pecho fuerza / pecho activo

Mantener una postura correcta, incluyendo sacar pecho, es crucial durante la práctica de deportes y ejercicios físicos. Esta posición, que implica mantener los hombros hacia atrás y el pecho hacia adelante, ofrece numerosos beneficios que pueden mejorar la eficacia del entrenamiento y prevenir lesiones. Por ejemplo, nos permite una mejora de la postura y de la alineación corporal, debido a que mantenemos la columna vertebral en una posición neutral y alineada, evitando el encorvamiento y la tensión excesiva en la parte baja de la espalda.

Cuarta regla: controla la respiración

Controlar la respiración durante la práctica de deportes y del ejercicio físico es crucial por varias razones que afectan tanto el rendimiento como la salud general. Una respiración adecuada puede marcar la diferencia en la eficiencia de un entrenamiento, la prevención de lesiones y la mejora de la capacidad aeróbica. Con una respiración controlada mejoramos la resistencia, optimizamos el suministro de oxígeno, eliminamos de forma eficiente el dióxido de carbono y prevenimos lesiones como la hiperventilación.

 Consejo:

Expulsa el aire cuando realices el esfuerzo, recupera el aire en el momento en el que no lo hagas. Mantén una respiración consciente para evitar mareos. Si bostezas durante tu entrenamiento no es por aburrimiento: ¡tu cuerpo está demandando oxígeno!

 **Quinta regla: no bloquees tus articulaciones**

Bloquear las articulaciones ocurre cuando se extiende una articulación más allá de su rango normal de movimiento, llevándola a una posición completamente recta o incluso más allá. Por ejemplo, a la hora de realizar una sentadilla, cuando extendemos la rodilla, esta no debe realizar un movimiento hacia atrás, siempre debe existir una mínima flexión de rodilla para protegerla.

 Cuidado:

Bloquear articulaciones puede tener varias consecuencias negativas para la salud y el rendimiento físico, debido a que realizamos una presión excesiva en ligamentos, tendones y articulaciones.

📌 **Recuerda:**

No bloquees tus rodillas.

Sexta regla

El entrenamiento puede ser beneficioso en todos los ámbitos de nuestra vida, pero con la técnica y los monitores correctos puede ser de las mejores experiencias de nuestras vidas.

El deporte entrena el cuerpo, pero también libera la mente.

Ventajas del entrenamiento funcional en el día a día

Debido a sus múltiples beneficios para la salud y el bienestar general, el entrenamiento funcional ha ganado popularidad en los últimos años. El entrenamiento funcional mejora la capacidad del cuerpo para realizar tareas diarias de manera más segura y eficiente, a diferencia de los entrenamientos tradicionales, que se concentran en aislar músculos específicos. No solo mejora el rendimiento deportivo y la fuerza física, sino que también brinda una variedad de beneficios útiles que se aplican a las actividades diarias. Este capítulo se enfoca en cómo el entrenamiento funcional puede cambiar tu día a día, haciéndote más eficiente, reduciendo el riesgo de lesiones y mejorando tu calidad de vida en general. El enfoque del entrenamiento funcional en movimientos que imitan las actividades diarias es una de sus mayores ventajas. Este tipo de entrenamiento hace que sea más fácil y efectivo realizar tareas comunes.

Mejora de la fuerza y la resistencia

Uno de los principales beneficios del entrenamiento funcional es el aumento de la fuerza y la resistencia. Al utilizar movimientos compuestos que involucran múltiples grupos musculares, este tipo de entrenamiento ayuda a desarrollar una fuerza equilibrada en todo el cuerpo. Esto no solo mejora el rendimiento en actividades deportivas, sino que también facilita la realización de tareas diarias, como levantar objetos pesados, subir escaleras o incluso jugar con los niños.

Aumento de la movilidad y la flexibilidad

El entrenamiento funcional también se centra en mejorar la movilidad y la flexibilidad. Los ejercicios están diseñados para aumentar el rango de movimiento de las articulaciones y mejorar la flexibilidad de los músculos. Esto es especialmente beneficioso para las personas que pasan mucho tiempo sentadas o que tienen trabajos que requieren movimientos repetitivos. Una mayor movilidad y flexibilidad pueden reducir el riesgo de lesiones y mejorar la postura, lo que a su vez puede aliviar dolores y molestias crónicas.

Mejora del equilibrio y la coordinación

Otro aspecto clave del entrenamiento funcional es el enfoque en el equilibrio y la coordinación. Muchos ejercicios funcionales requieren que el cuerpo mantenga el equilibrio mientras realiza movimientos complejos. Esto ayuda a mejorar la estabilidad y la coordinación, lo que es esencial para prevenir caídas y lesiones, especialmente en personas mayores. Además, un mejor equilibrio y coordinación pueden mejorar el rendimiento en actividades deportivas y recreativas.

Beneficios para la salud mental

Vivimos tiempos en los que un alto porcentaje de la población sufre problemas de mayor o menor grado en su salud mental. El entrenamiento funcional no solo tiene beneficios físicos, sino que también puede mejorar la salud mental. La realización regular de ejercicio se ha asociado con una reducción del estrés, la ansiedad y la depresión. Además, el entrenamiento funcional, al ser variado y desafiante, puede ser más motivador y divertido que los entrenamientos tradicionales, lo que aumenta la probabilidad de adherencia a largo plazo. Además, el ejercicio regular mejora la calidad del sueño, permitiendo un descanso más reparador y, en consecuencia, días más productivos y enérgicos. Uno de los beneficios más significativos del entrenamiento funcional es su impacto en la **salud mental.**

Aquí hay algunas formas en que este tipo de entrenamiento puede mejorar tu bienestar mental.

- **Reducción del estrés.** El ejercicio regular libera endorfinas, químicos cerebrales que actúan como analgésicos naturales. Estas endorfinas también ayudan a dormir mejor, lo que reduce el estrés.

- **Mejora de la autoestima.** El entrenamiento funcional puede ayudar al deportista a sentirse más seguro de su cuerpo, al aumentar su fuerza y resistencia. Una mejor imagen corporal y autoestima pueden desarrollarse como resultado de este aumento de la confianza.

35

- **Aumento de la concentración.** Según diversos estudios, el ejercicio puede aumentar la concentración y la atención. Para mejorar estas habilidades cognitivas, el entrenamiento funcional con frecuencia requiere que te concentres en la forma y la técnica.

- **Mejora del estado de ánimo.** El entrenamiento funcional, como cualquier tipo de ejercicio, puede mejorar el estado de ánimo. Las endorfinas liberadas al hacer ejercicio pueden ayudar a combatir la depresión y la ansiedad.

- **Promueve la socialización.** Muchos programas de entrenamiento funcional se realizan en grupo, lo que puede ayudar a fomentar un sentido de pertenencia y comunidad. Tu salud mental puede verse beneficiada por esta interacción social.

Adaptabilidad y personalización

Una de las grandes ventajas del entrenamiento funcional es su adaptabilidad. Los ejercicios pueden ser modificados para adaptarse a diferentes niveles de condición física y necesidades individuales. Esto lo hace accesible para personas de todas las edades y habilidades.

Ya estés comenzando tu viaje de *fitness* o seas un atleta experimentado, el entrenamiento funcional puede ser ajustado para ayudarte a alcanzar tus objetivos específicos.

Mejora de la calidad de vida

En última instancia, el objetivo del entrenamiento funcional es mejorar la calidad de vida. Al centrarse en movimientos que se utilizan en la vida diaria, este tipo de entrenamiento puede hacer que las actividades cotidianas sean más fáciles y menos agotadoras. Desde cargar las compras hasta jugar con los niños, el entrenamiento funcional prepara el cuerpo para enfrentar los desafíos diarios con mayor facilidad y confianza.

Al centrarse en movimientos prácticos y funcionales, este tipo de entrenamiento puede mejorar la fuerza, la movilidad, el equilibrio y la salud mental, lo que en última instancia conduce a una mejor calidad de vida.

Mejor equilibrio y propiocepción

Incorpora ejercicios que desafían el equilibrio, como los que se realizan sobre superficies inestables o con una sola pierna, mejoran la propiocepción y reducen el riesgo de caídas, ya que mejorará la capacidad que tiene nuestro cerebro de saber la posición exacta de todas las partes de nuestro cuerpo en cada momento.

El entrenamiento funcional mejora la capacidad para levantar objetos pesados, como cajas o bolsas de supermercado, sin riesgo de lesión al fortalecer los músculos del *core* y de la espalda.

Algunos movimientos como las sentadillas y las estocadas, que son comunes en el entrenamiento funcional, imitan la acción de agacharse para recoger algo del suelo, lo que mejora la movilidad y la estabilidad en estas situaciones.

Los músculos que se utilizan para realizar tareas como empujar un carrito de la compra o abrir una puerta pesada se fortalecen con ejercicios como el remo y las elevaciones de hombros.

El entrenamiento funcional aumenta la estabilidad, el equilibrio y la coordinación, reduciendo la probabilidad de lesiones tanto en el gimnasio como en la vida diaria.

Además, esta forma de capacitación ofrece una serie de **ventajas** particulares:

- Un núcleo fuerte ayuda a todos los movimientos, protegiendo la espalda baja y mejorando la postura.

- La incorporación de ejercicios de movilidad y estiramientos en la rutina funcional aumenta la flexibilidad y la movilidad, lo que reduce el riesgo de lesiones musculares.

- La incorporación de ejercicios de movilidad y estiramientos en la rutina funcional aumenta la flexibilidad y la movilidad, lo que reduce el riesgo de lesiones musculares.

Todos estos beneficios producen un gran impacto positivo en nuestro día a día. Te vamos a detallar algunas de estas mejoras en nuestra vida diaria.

- **Mayor resistencia.** Mejora la capacidad de mantener la energía a lo largo del día, reduciendo la fatiga y aumentando la productividad tanto en el trabajo como en el hogar.

- **Mejora del estado de ánimo.** La liberación de endorfinas durante el ejercicio contribuye a un mejor estado de ánimo, reduciendo el estrés y la ansiedad, lo que se traduce en una mayor claridad mental y enfoque.

Además, este tipo de entrenamiento es accesible y beneficioso para personas de todas las edades, desde jóvenes hasta adultos mayores. Te explicamos las ventajas para los diferentes grupos de edad:

- **Adultos jóvenes.** Hablamos de un grupo que generalmente se encuentra en la cúspide de su capacidad física y mental que busca mantener un estilo de vida activo y saludable. Esta modalidad les ayuda a construir una base sólida de fuerza y resistencia, lo que es esencial tanto para el rendimiento deportivo como para la prevención de lesiones.

- **Personas de mediana edad.** La mejora de la fuerza funcional no es uno de los principales beneficios. Las personas de mediana edad pueden desarrollar una fuerza equilibrada al trabajar varios grupos musculares al mismo tiempo, lo que les ayuda en sus actividades diarias. Mantiene la movilidad y la fuerza muscular, cruciales para mantener la independencia y la capacidad de realizar tareas cotidianas sin dificultad. Además, el entrenamiento funcional mejora la movilidad y la flexibilidad, lo que es crucial para prevenir lesiones y mantener una buena postura, especialmente para aquellos que pasan mucho tiempo sentados debido al trabajo.

- **Adultos mayores.** Mejora el equilibrio y la coordinación, factores esenciales para prevenir caídas y mantener la independencia.

Otra de las grandes ventajas de este tipo de entrenamiento es que es **extremadamente adaptable,** lo que permite personalizar los ejercicios según las necesidades y habilidades individuales.

Los entrenadores pueden adaptar los ejercicios funcionales para abordar áreas específicas de debilidad o limitación, asegurando que cada individuo obtenga el máximo beneficio. Además, la incorporación de diferentes tipos de equipos y movimientos mantiene las rutinas interesantes y desafiantes, evitando la monotonía y aumentando la motivación para seguir entrenando.

Entrenamiento funcional con el propio cuerpo: la herramienta perfecta

El entrenamiento funcional se destaca por su enfoque práctico y efectivo para mejorar la condición física utilizando movimientos que reflejan las actividades diarias. Una de las mayores ventajas de este tipo de entrenamiento es que no necesitas equipos costosos ni un gimnasio sofisticado. Tu propio cuerpo es la herramienta perfecta para realizar un entrenamiento funcional completo y efectivo.

El entrenamiento con peso corporal es una de las formas más antiguas y efectivas de ejercicio. Utiliza la resistencia natural del cuerpo para fortalecer y tonificar los músculos, aumentar la resistencia y aumentar la flexibilidad. Aquí hay algunas razones importantes por las que el entrenamiento con peso corporal es una opción excelente para el entrenamiento funcional.

- **Accesibilidad.** No necesita ningún equipo especial. Estos ejercicios se pueden realizar en cualquier lugar, ya sea en casa, en un parque o incluso en una habitación de hotel durante un viaje.

- **Versatilidad.** Puedes realizar una amplia gama de ejercicios con tu propio peso corporal, desde movimientos básicos hasta ejercicios más complejos que requieren fuerza, flexibilidad y coordinación.

- **Adaptabilidad.** Los ejercicios de peso corporal se pueden ajustar fácilmente para adaptarse a diferentes niveles de condición física, aumentando o disminuyendo la dificultad según sea necesario.

Al igual que pasa con el entrenamiento funcional a nivel general, el entrenamiento funcional con peso corporal se basa en ciertos principios fundamentales que garantizan un enfoque integral y efectivo. A continuación, se describen estos principios y cómo aplicarlos en tu rutina de ejercicio.

- **Movimientos compuestos.** Para replicar los patrones de movimiento naturales del cuerpo, los ejercicios deben involucrar varios grupos musculares y articulaciones, como sentadillas, flexiones y estocadas.

- **Estabilidad y equilibrio.** El fortalecimiento del corazón y la mejora de la propiocepción se logran al incorporar movimientos que desafían el equilibrio y la estabilidad. Las estocadas y las planchas con una pierna son ideales.

- **Progresión.** Ejercicios más complejos y difíciles se pueden realizar gradualmente comenzando con movimientos básicos. La progresión garantiza que los músculos se adapten y mejoren.

- **Variación.** Cambiar con frecuencia los ejercicios y las rutinas ayuda a trabajar más grupos musculares, lo que mejora la condición física general y previene el estancamiento.

A continuación, te vamos a presentar algunos ejercicios fundamentales de peso corporal que forman la base de un programa de entrenamiento funcional efectivo:

Sentadillas *(squats)*

Trabajan los músculos de las piernas y el *core*. Son esenciales para mejorar la fuerza y la movilidad en las actividades diarias.

▬▬▶ Flexiones *(push-ups)*

Fortalecen el pecho, los hombros, los tríceps y el *core*. Variantes como las flexiones en diamante o las flexiones con una mano aumentan la dificultad.

Planchas *(planks)*

Ejercicios isométricos que fortalecen el *core*, mejoran la estabilidad y aumentan la resistencia muscular.

Estocadas *(lunges)*

Trabajan los músculos de las piernas y glúteos, mejorando el equilibrio y la coordinación. Las estocadas hacia adelante, hacia atrás y laterales ofrecen variación y desafío.

Saltos (*jumping jacks* y *burpees*)

Ejercicios cardiovasculares que también fortalecen múltiples grupos musculares y mejoran la resistencia y la agilidad.

Burpees

1

2

52

3

4

Puentes *(bridges)*

fortalecen los glúteos, el *core* y la parte baja de la espalda, mejorando la estabilidad y la fuerza.

Para diseñar una rutina efectiva de entrenamiento funcional con peso corporal es importante incluir una variedad de ejercicios que trabajen todo el cuerpo y sigan los principios mencionados anteriormente.

Rutina para principiantes

1 Calentamiento (5-10 minutos)

Antes de comenzar cualquier rutina de entrenamiento, realiza movilidad articular y estiramientos dinámicos que impliquen movimientos de tobillos, rodillas, rotaciones de cadera, rotaciones de hombros, rotaciones del tronco, etc. Acto seguido, calentamos el cuerpo con ejercicios de intensidad:

Rodillas arriba en el sitio

55

Talones atrás

Jumping jacks
(De esta forma activamos el tren superior)

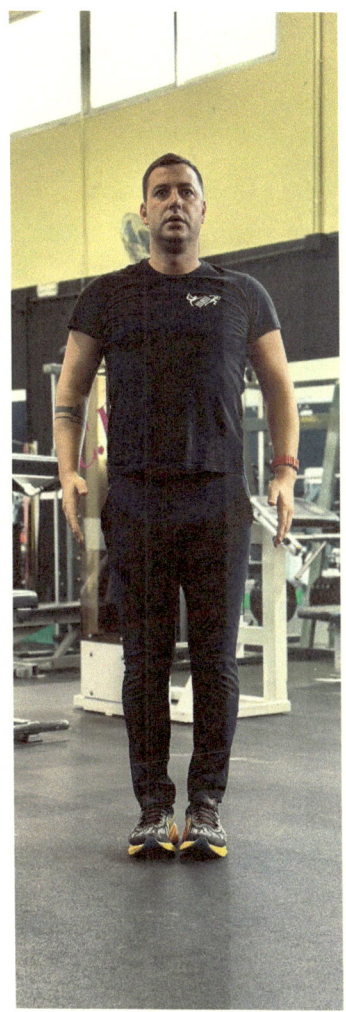

Saltos laterales

Sprint en el sitio – *skipping*

Realizar ejercicios de movilidad articular antes de entrenar es crucial, debido a la activación muscular que es necesaria en cualquier rutina, así como la mejora en el rango de movimiento, junto con la prevención de lesiones, ya que lubricamos articulaciones y mejoramos la elasticidad muscular.

📌 **Recuerda:**

Un buen calentmiento condiciona por completo la rutina de entrenamiento.

59

2 **Circuito principal básico** (3 rondas)

1. Sentadillas (15 repeticiones)

2. Flexiones (10–15 repeticiones)

3. Estocadas alternas (10 repeticiones por pierna)

4. Planchas (mantener por 30–60 segundos)

5. *Jumping jacks* (30 segundos)

En caso de que tu nivel sea más avanzado, combina ejercicios que impliquen mayor intensidad: **en lugar de sentadillas básicas, realiza sentadillas con salto.**

1. Sentadillas

💡 **Consejo:**

cuando recojas la sentadilla (es decir, cuando vayas a caer con los pies en el suelo), procura bajar en sentadilla y NO clavar tus piernas. Procura que tu rodilla no sufra y dale rango de movimiento cayendo en sentadilla. Si quieres parar de hacer sentadillas con salto, salta, pero cuando acabes el salto recoge la sentadilla y de ahí paras el ejercicio.

En lugar de flexiones, **haz combinaciones de flexiones:** enfoca unas en tríceps, otras en pecho. Otra forma de aumentar la intensidad es dar una palmada cada vez que subamos.

2. Flexiones

En lugar de estocadas alternas, hazlas con salto, así aumentarás tu resistencia cardiovascular.

3. Estocadas

En lugar de planchas básicas, haz una plancha dinámica en la que primero estés con los codos apoyados y después estires el brazo de tal forma que le des movimiento al *core*.

4. Planchas

Y, por último, en lugar de hacer *jumping jacks,* dale más intensidad realizando *burpees.*

5. *Jumping jacks*

Prevención de lesiones a través del entrenamiento funcional

Para mantener una vida activa y saludable, es fundamental evitar lesiones. El entrenamiento funcional no solo mejora la fuerza, la resistencia y la condición física general, sino que también desempeña un **papel crucial en la prevención de lesiones.** Al enfocarse en movimientos naturales y en el fortalecimiento de los músculos estabilizadores, este tipo de entrenamiento prepara el cuerpo para manejar las demandas físicas del día a día y del ejercicio. Debes considerarlo una herramienta poderosa para la prevención de lesiones gracias a su enfoque en movimientos naturales, el fortalecimiento del *core*, la mejora de la movilidad y la estabilidad y la corrección de desequilibrios musculares.

La prevención de lesiones es un aspecto crucial para cualquier persona que desee mantener una vida activa y saludable. Al incorporar ejercicios funcionales en tu rutina de entrenamiento, puedes preparar tu cuerpo para manejar mejor las demandas físicas, reducir el riesgo de lesiones y mejorar tu bienestar general. **Prepárate para una vida más saludable y libre de lesiones.**

En este capítulo exploraremos cómo y por qué el entrenamiento funcional es efectivo para prevenir lesiones.

Comprendiendo las lesiones comunes

Antes de profundizar en cómo el entrenamiento funcional previene lesiones, es importante entender cuáles son las lesiones más comunes y por qué ocurren.

Las lesiones típicas que afectan a personas de todas las edades incluyen:

- **Lesiones por sobrecarga.** Resultan de movimientos repetitivos y estrés acumulado en los músculos y articulaciones. Por ejemplo, tendinitis y síndrome de la banda iliotibial.

- **Lesiones traumáticas.** Ocurren debido a un impacto repentino o un movimiento brusco. Ejemplos: esguinces, desgarros musculares y fracturas.

- **Lesiones por mala postura.** La falta de alineación adecuada del cuerpo durante las actividades diarias o el ejercicio puede llevar a problemas como dolor lumbar, dolor de cuello y desequilibrios musculares.

El entrenamiento funcional aborda múltiples factores que contribuyen a la prevención de lesiones:

- **Fortalecimiento del *core*.** Un *core* fuerte es fundamental para la estabilidad y el equilibrio. Los músculos del *core*, que incluyen los abdominales, oblicuos y músculos de la espalda baja, actúan como el centro de fuerza y estabilidad del cuerpo. Un *core* fortalecido proporciona una base sólida para todos los movimientos, reduce la carga en la columna vertebral y previene lesiones en la espalda baja.

- **Mejora de la movilidad y la flexibilidad.** Los ejercicios funcionales a menudo incluyen estiramientos y movimientos que mejoran la movilidad de las articulaciones y la flexibilidad de los músculos. Esto ayuda a mantener un rango de movimiento saludable, previniendo rigidez y reduciendo el riesgo de lesiones por sobrecarga.

- **Desarrollo de la estabilidad y el equilibrio.** Los movimientos funcionales que desafían el equilibrio y la estabilidad fortalecen los músculos estabilizadores y mejoran la propiocepción (la capacidad de sentir la posición del cuerpo en el espacio). Esto es crucial para prevenir caídas y lesiones asociadas con desequilibrios.

- **Corrección de desequilibrios musculares.** Al centrarnos en movimientos compuestos que trabajan múltiples grupos musculares de manera coordinada, podemos corregir desequilibrios musculares y evitar que ciertos músculos se debiliten mientras otros se sobrecargan.

- **Fortalecimiento de las articulaciones.** Al trabajar con patrones de movimiento naturales y fortalecer los músculos alrededor de las articulaciones, el entrenamiento funcional aumenta la estabilidad articular. Esto reduce el riesgo de lesiones en las articulaciones, como esguinces y dislocaciones.

- **Enseñanza de la técnica adecuada.** Esta modalidad de entrenamiento a menudo enfatiza la importancia de la técnica correcta y la alineación del cuerpo durante los ejercicios. Aprender y mantener una buena técnica minimiza el riesgo de lesiones causadas por movimientos incorrectos.

A continuación, te presentamos algunos ejercicios funcionales específicos que son particularmente efectivos para la prevención de lesiones:

Peso muerto con una pierna

Fortalece la cadera y mejora la estabilidad. Al trabajar cada pierna por separado, ayuda a corregir desequilibrios musculares, lo que es crucial para prevenir lesiones. Fortalece los músculos de las piernas y glúteos, por lo que proporciona estabilidad y soporte a las articulaciones. Esto reduce el riesgo de lesiones en rodillas, caderas y espalda baja. Además, para mantener el equilibrio con una sola pierna este ejercicio requiere un trabajo más intenso del núcleo, por lo que fortalece la zona media. Puedes hacerlo levantando una pierna hacia atrás mientras flexionas el torso hacia adelante.

Superman

Fortalece la espalda baja y fortalece los músculos erectores de la columna, brindando soporte a la espalda , Ayuda a prevenir desviaciones posturales, como la cifosis (postura encorvada) puede aliviar el dolor existente y prevenir futuros episodios de malestar en las lumbares. Acuéstate boca abajo y levanta brazos y piernas del suelo.

70

Flexiones

Este ejercicio es lo que se denomina ejercicio compuesto, ya que trabajan el pecho, los hombros, los brazos, en especial el tríceps, y el *core*, que se mantiene activo para mantener una posición estable. Esto fortalece los músculos abdominales y lumbares, mejorando la postura y previniendo lesiones en la espalda. Mantén una buena alineación del cuerpo al hacerlas.

Burpees

Los *burpees* involucran todo el cuerpo, desde los grandes grupos musculares hasta los más pequeños. Esto fortalece y estabiliza las articulaciones. Además, los *burpees* replican movimientos funcionales de la vida cotidiana, lo que mejora la capacidad del cuerpo para funcionar en diversas situaciones.

Rotaciones de tronco *(trunk rotations)*

Mejoran la movilidad de la columna vertebral y fortalecen los oblicuos, lo cual es crucial para la estabilidad y la prevención de lesiones en la parte superior del cuerpo. Otro de sus beneficios es que pueden aliviar la tensión de la espalda y reducir el dolor en la zona lumbar.

Para maximizar los beneficios del entrenamiento funcional en la prevención de lesiones, debes considerar las siguientes **estrategias:**

- **Evaluación inicial.** Antes de comenzar cualquier programa de entrenamiento funcional, realiza una evaluación de movilidad y fuerza para identificar áreas de debilidad o desequilibrio que necesiten atención especial.

- **Progresión gradual.** Empieza con movimientos básicos y avanza gradualmente hacia ejercicios más complejos y desafiantes. La progresión lenta y controlada ayuda a evitar el sobreentrenamiento y reduce el riesgo de lesiones.

- **Variación en los ejercicios.** Cambia regularmente tu rutina de ejercicios para trabajar diferentes grupos musculares y evitar el estrés repetitivo en las mismas áreas.

- **Enfoque en la técnica.** Presta atención a la técnica adecuada y a la alineación del cuerpo durante todos los ejercicios. Considera trabajar con un entrenador funcional certificado para asegurar que estás realizando los movimientos correctamente.

- **Incorporación de descanso y recuperación.** El descanso adecuado y las técnicas de recuperación, como el estiramiento y el masaje, son esenciales para permitir que los músculos se reparen y fortalezcan, reduciendo el riesgo de lesiones.

Adaptabilidad del entrenamiento funcional a tu condición física

Uno de los aspectos más destacados del entrenamiento funcional es su capacidad para adaptarse a la condición física individual de cada persona. Ya seas un principiante que busca mejorar su salud general, un atleta experimentado que desea optimizar su rendimiento, o alguien en rehabilitación de una lesión, tu rutina puede ser ajustada para satisfacer tus necesidades específicas.

En este capítulo, exploraremos por qué es un método tan adaptable y cómo puedes personalizarlo para tu nivel de condición física y objetivos personales.

La adaptabilidad del entrenamiento funcional es una de sus mayores fortalezas, permitiendo que personas de todas las edades y niveles de condición física puedan beneficiarse de sus principios.

Principios de la adaptabilidad del entrenamiento funcional

El entrenamiento funcional se basa en principios que permiten modificar los ejercicios según las capacidades y necesidades individuales. Estos principios aseguran que cualquier persona, sin importar su nivel de condición física, pueda beneficiarse de esta modalidad.

- **Progresión gradual.** Permite una progresión gradual en la dificultad de los ejercicios. Esto significa que puedes comenzar con movimientos básicos y, a medida que mejoras, incorporar variaciones más desafiantes.

- **Modificación de ejercicios.** Cada ejercicio funcional puede ser modificado para aumentar o disminuir su dificultad. Esto incluye ajustes en el rango de movimiento, la velocidad, el uso de soporte adicional o el aumento de la resistencia.

- **Enfoque en la técnica.** La técnica y la forma son cruciales a la hora de realizar y programar nuestra rutina de entrenamiento. Adaptar los ejercicios a tu capacidad actual asegura que puedas realizarlos correctamente, minimizando el riesgo de lesiones y maximizando los beneficios.

- **Personalización de rutinas.** Las rutinas de entrenamiento funcional se pueden diseñar para abordar objetivos específicos, ya sea mejorar la fuerza, la flexibilidad, la resistencia o la rehabilitación de una lesión.

Adaptación para principiantes

Para los principiantes es una excelente manera de comenzar a desarrollar una base sólida de condición física.

Los ejercicios se centran en movimientos básicos que son esenciales para la funcionalidad diaria.

Estrategias deportivas para principiantes

- **Movimientos simples.** Comienza con ejercicios básicos como sentadillas, flexiones modificadas (por ejemplo, apoyando las rodillas), planchas y estocadas. Estos movimientos son fáciles de aprender y proporcionan una base sólida.

- **Enfoque en la técnica.** Asegúrate de aprender y mantener la técnica adecuada. Esto no solo previene lesiones, sino que también garantiza que estás trabajando los músculos correctos de manera efectiva.

- **Progresión lenta.** A medida que te sientas más cómodo con los ejercicios básicos, puedes aumentar gradualmente la dificultad, añadiendo repeticiones, variando los ángulos o incorporando movimientos adicionales.

Ejemplo de rutina para principiantes:

1. **Sentadillas (*squats*):** 3 series de 10 repeticiones.
2. **Flexiones de rodillas (*knee push-ups*):** 3 series de 8-10 repeticiones.
3. **Plancha (*plank*):** mantener durante 20-30 segundos, 3 series.
4. **Estocadas alternas (*alternating lunges*):** 3 series de 10 repeticiones por pierna.

Para aquellos con una base de condición física sólida, el entrenamiento puede ser ajustado para aumentar la intensidad y la complejidad de los movimientos, desafiando tanto la fuerza como la resistencia.

1. Sentadillas

2. Flexiones de rodillas

3. Planchas

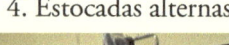
4. Estocadas alternas

Estrategias deportivas de nivel intermedio

- **Ejercicios compuestos.** Incorpora movimientos que trabajen múltiples grupos musculares simultáneamente, como *burpees,* flexiones con rotación y sentadillas con salto.

- **Aumento de la resistencia.** Utiliza herramientas adicionales como bandas de resistencia o pesas libres para añadir desafío.

- **Variaciones avanzadas.** Introduce variaciones más difíciles de los ejercicios básicos, como planchas laterales, flexiones en diamante o estocadas con salto.

Ejemplo de rutina para nivel intermedio:

1. **Sentadillas con salto (*jump squats*):** 3 series de 12 repeticiones.
2. **Flexiones con rotación (*push-ups with rotations*):** 3 series de 10 repeticiones.
3. **Plancha lateral (*side plank*):** mantener durante 30-45 segundos por lado, 3 series.
4. ***Burpees:*** 3 series de 10 repeticiones.

Estrategias deportivas de nivel avanzado

Los atletas y personas con una alta condición física pueden utilizar el entrenamiento para alcanzar niveles óptimos de rendimiento. La clave es incorporar movimientos altamente dinámicos y exigentes que desafíen el cuerpo de manera integral.

- **Movimientos explosivos.** Ejercicios como los saltos pliométricos, las flexiones con palmada y los levantamientos olímpicos son excelentes para desarrollar potencia.

- **Entrenamientos de alta intensidad.** Incorporar intervalos de alta intensidad (HIIT) para mejorar la resistencia cardiovascular y la capacidad anaeróbica.

- **Movimientos complejos.** Ejercicios como las dominadas, las estocadas con giro y los *swings* con *kettlebell* son perfectos para un entrenamiento avanzado.

Ejemplo de rutina de nivel avanzado:

1. **Saltos pliométricos (*plyometric jumps*):** 3 series de 15 repeticiones.
2. **Flexiones con palmada (*clap push-ups*):** 3 series de 12 repeticiones.
3. ***Swings* con *kettlebell* (*kettlebell swings*):** 3 series de 15 repeticiones.
4. ***Burpees* con dominadas (*burpee pull-ups*):** 3 series de 10 repeticiones.

Adaptación para rehabilitación

El entrenamiento funcional es especialmente útil en programas de rehabilitación. Ayuda a las personas a recuperarse de lesiones mediante ejercicios seguros y controlados que fortalecen los músculos afectados y mejoranla movilidad.

Estrategias para rehabilitación

- **Ejercicios de bajo impacto.** Utiliza movimientos suaves y controlados que no sobrecarguen las articulaciones, como puentes de glúteos, planchas modificadas y ejercicios de equilibrio.

- **Enfoque en la movilidad.** Incorpora ejercicios de estiramiento y movilidad para mejorar el rango de movimiento y reducir la rigidez.

- **Progresión cautelosa.** Aumenta la intensidad y la dificultad de los ejercicios gradualmente para evitar recaídas.

Ejercicios básicos del entrenamiento funcional

El entrenamiento funcional se basa en movimientos compuestos y multiarticulares que reflejan las actividades cotidianas y mejoran la fuerza, la estabilidad y la movilidad general del cuerpo.

En este capítulo exploraremos los ejercicios básicos que constituyen la base de cualquier programa de entrenamiento funcional. Estos ejercicios son fundamentales para desarrollar una base sólida de condición física y pueden ser adaptados a diferentes niveles de habilidad y objetivos.

Sentadillas *(squats)*

Las sentadillas son uno de los ejercicios funcionales más importantes, ya que trabajan los músculos de las piernas y el *core*, y mejoran la fuerza y la movilidad en las caderas y las rodillas.

Técnica

Posición inicial: párate con los pies a la altura de los hombros y los dedos de los pies ligeramente hacia afuera.

Movimiento descendente: mantén el pecho erguido y las rodillas alineadas con los dedos de los pies mientras flexionas las caderas y las rodillas para bajar el cuerpo.

Profundidad: baja hasta que tus muslos estén al menos paralelos al suelo.

Movimiento ascendente: empuja con los talones para volver a la posición inicial.

Consejos

- Mantén el peso en los talones.
- Evita que las rodillas se desplieguen hacia adentro.
- Mantén el *core* activo y el pecho hacia arriba.

Flexiones (push-ups)

Las flexiones son un ejercicio de peso corporal que fortalece el pecho, los hombros, los tríceps y el *core*.

Técnica

Posición inicial: colócate en una posición de *plank* con las manos a la altura de los hombros y los pies juntos.

Movimiento descendente: flexiona los codos para bajar el cuerpo hasta que el pecho casi toque el suelo.

Movimiento ascendente: empuja con las manos para volver a la posición inicial.

Consejos

• Mantén el cuerpo en línea recta desde la cabeza hasta los talones.

- Evita que los codos se abran hacia los lados, mantenlos cerca del cuerpo.
- Contrae el *core* para evitar que las caderas se hundan.

▪ Estocadas *(lunges)* ▪

Las estocadas trabajan los músculos de las piernas y los glúteos, y mejoran el equilibrio y la coordinación.

Técnica

Posición inicial: párate con los pies juntos.

Movimiento descendente: da un paso hacia adelante con una pierna y flexiona ambas rodillas para bajar el cuerpo hasta que la rodilla trasera casi toque el suelo.

Movimiento ascendente: empuja con el talón del pie delantero para volver a la posición inicial.

Repetición: alterna las piernas.

Consejos

- Mantén el torso erguido y el *core* activo.
- Asegúrate de que la rodilla delantera no pase por delante de los dedos del pie.
- Mantén el peso en el talón del pie delantero.

Planchas *(planks)*

Las planchas son un ejercicio isométrico que fortalece el *core* y mejora la estabilidad y la resistencia muscular.

Técnica

Posición inicial: colócate en una posición de *plank* con los codos apoyados en el suelo directamente debajo de los hombros y los pies juntos.

Mantén la posición: mantén el cuerpo en línea recta desde la cabeza hasta los talones.

Duración: mantén la posición durante el tiempo deseado.

Consejos

- Contrae los músculos del *core* y los glúteos.
- Evita que las caderas se levanten o se hundan.
- Mantén el cuello en una posición neutral, mirando hacia el suelo.

Puentes de glúteos *(glute bridges)*

Los puentes de glúteos fortalecen los glúteos, el *core* y la parte baja de la espalda, y mejoran la estabilidad pélvica.

Técnica

Posición inicial: acuéstate boca arriba con las rodillas flexionadas y los pies apoyados en el suelo a la altura de las caderas.

Movimiento ascendente: eleva las caderas hacia el techo, apretando los glúteos y manteniendo una línea recta desde las rodillas hasta los hombros.

Movimiento descendente: baja las caderas de nuevo al suelo.

Consejos

- Mantén el *core* comprometido para evitar la hiperextensión de la espalda.
- Asegúrate de que los pies estén firmemente plantados en el suelo.
- Evita que las rodillas se desplieguen hacia afuera.

Remo invertido (*inverted rows*)

El remo invertido es un excelente ejercicio para fortalecer la espalda, los hombros y el *core*.

Técnica

Posición inicial: colócate debajo de una barra fija con las manos agarradas a la barra y los pies apoyados en el suelo, el cuerpo en línea recta.

Movimiento ascendente: tira de tu pecho hacia la barra, manteniendo el cuerpo recto y los codos cerca del torso.

Movimiento descendente: baja el cuerpo de nuevo a la posición inicial de manera controlada.

Consejos

- Mantén el *core* comprometido para evitar que las caderas se hundan.
- Evita que los codos se abran hacia los lados.
- Mantén una postura erguida y una espalda recta.

Saltos *(jumping jacks)*

Los saltos son un ejercicio cardiovascular que también fortalece múltiples grupos musculares y mejora la resistencia y la agilidad.

Técnica

Posición inicial: párate con los pies juntos y las manos a los lados.

Movimiento: salta, separando los pies mientras llevas las manos por encima de la cabeza.

Retorno: salta de nuevo para regresar a la posición inicial.

Consejos

- Mantén un ritmo constante y controlado.
- Asegúrate de aterrizar suavemente para reducir el impacto en las articulaciones.
- Contrae el *core* para mantener la estabilidad.

Estos ejercicios básicos del entrenamiento funcional forman la base de un programa de entrenamiento efectivo y equilibrado. Al incorporar estos movimientos en tu rutina, puedes mejorar tu fuerza, resistencia, equilibrio y coordinación de manera integral. La adaptabilidad de estos ejercicios permite que sean adecuados para personas de todos los niveles de condición física, asegurando que puedas progresar de manera segura y efectiva hacia tus objetivos de acondicionamiento físico.

En los siguientes capítulos exploraremos cómo combinar estos ejercicios básicos en rutinas completas y cómo ajustar la intensidad y la variación para mantener la motivación y continuar progresando. ¡Prepárate para descubrir el poder del entrenamiento funcional y cómo puede transformar tu salud y bienestar!

Y recuerda, en todas las rutinas de entrenamiento debemos activar el abdomen, mantener el pecho activo y la espalda recta, controlar la respiración y **no bloquear nunca tus articulaciones.**

Cómo crear una programación efectiva de entrenamiento funcional

Para maximizar los beneficios de este tipo de ejercicio, es esencial crear una programación de entrenamiento funcional adecuada. Una programación bien diseñada puede ayudar al deportista a alcanzar sus objetivos de fitness de manera más eficiente al tiempo que reduce el riesgo de lesiones.

Primero, una programación efectiva te permite enfocarte en tus objetivos específicos; en segundo lugar, una programación tiene en cuenta su estado de salud actual, así como cualquier problema o lesión existente.

Esto garantiza que los ejercicios sean adecuados y reduce el riesgo de lesiones o el empeoramiento de lesiones o limitaciones ya existentes.

La creación de una programación efectiva de entrenamiento funcional implica una evaluación inicial, el establecimiento de objetivos, el diseño del programa, la implementación del programa, y el monitoreo y ajustes continuos.

Al seguir estos pasos, puedes crear un programa de entrenamiento funcional que te ayude a alcanzar tus objetivos de *fitness* y mejorar tu capacidad para realizar actividades cotidianas.

Paso 1. Evaluación inicial

Antes de comenzar cualquier programa de entrenamiento, es importante realizar una evaluación inicial. Debe incluir una evaluación de la condición física actual, los objetivos de *fitness* y cualquier problema de salud o lesiones existentes. Esta información será útil para personalizar el programa de entrenamiento funcional, tanto para entrenamiento funcionales personales como para entrenamientos funcionales en grupo. Esto puede implicar la realización de varias pruebas de *fitness,* como una prueba de resistencia cardiovascular, pruebas de fuerza y flexibilidad, y pruebas de composición corporal. En el caso de que seas entrenador y entrenes a tus deportistas en grupos, es conveniente que estos compartan objetivos y condición física.

Paso 2. Establecimiento de objetivos

Una vez que se ha realizado la evaluación inicial, el siguiente paso es establecer objetivos: ¿deseas mejorar tu fuerza? ¿Quieres aumentar tu flexibilidad? ¿Buscas perder peso?

¡Tener objetivos claros y precisos te ayudará a diseñar un plan para alcanzarlos de manera efectiva!

Estos objetivos deben ser específicos, medibles, alcanzables, relevantes y limitados en el tiempo. Por ejemplo, un objetivo podría ser: "Quiero ser capaz de levantar 15 kilogramos más en mi press de banca en los próximos tres meses".

Paso 3. Diseño del programa

El siguiente paso es diseñar el programa de entrenamiento funcional. Esto debe incluir una variedad de ejercicios que trabajen diferentes partes del cuerpo y que se centren en mejorar la fuerza, la resistencia, la flexibilidad, la estabilidad y la movilidad.

También es importante incluir tanto ejercicios aeróbicos como anaeróbicos en el programa. Muchas veces, el entrenamiento funcional incluye una variedad de ejercicios que trabajan simultáneamente varios grupos musculares. Los movimientos como sentadillas, estocadas, empujes, tirones y otros pueden formar parte de esta categoría.

Decide cuántos días a la semana entrenarás, cuánto tiempo estás dispuesto a dedicar a cada sesión de entrenamiento, de qué manera alternarás entre varios tipos de ejercicio y tiempos de descanso.

Todas estas son consideraciones importantes que tener en cuenta al diseñar tu programación.

Paso 4. Implementación del programa

Una vez que se ha diseñado el programa, el siguiente paso es implementarlo. Esto implica realizar los ejercicios según lo planeado y seguir el programa de manera consistente. Es importante recordar que la consistencia es clave cuando se trata de ver resultados.

Paso 5. Monitoreo y ajuste

Finalmente, es importante monitorear el progreso y hacer ajustes al programa según sea necesario. Esto puede implicar aumentar la intensidad de los ejercicios, cambiar los ejercicios o ajustar los objetivos.

El monitoreo y el ajuste son una parte esencial de cualquier programa de entrenamiento funcional, ya que permiten que el programa evolucione con el individuo, por lo que es muy importante que dispongas de una forma de rastrear cómo estás progresando hacia tus objetivos.

Es conveniente llevar un diario de entrenamiento, realizar pruebas de condición física regulares o incluso colaborar con un entrenador personal o fisioterapeuta.

Es muy posible que, aun habiendo diseñado una gran programación previa de entrenamiento funcional, sufras un estancamiento. Evitar el estancamiento en tu programación de entrenamiento funcional puede ser todo un desafío. Para eso hay varias estrategias que puedes emplear:

1. **Varía tus rutinas de ejercicio:** repetir los mismos ejercicios una y otra vez puede conducir al estancamiento. Intenta incluir nuevos o diferentes tipos de ejercicio en tu rutina con frecuencia.

2. **Ajusta la intensidad y el volumen:** cambiar la cantidad de peso que levantas, el número de repeticiones que haces, o la duración de tus entrenamientos puede ayudar a prevenir el estancamiento.

3. **Cambia el tipo de entrenamiento:** si siempre haces el mismo tipo de entrenamiento, como levantamiento de pesas, intenta incorporar diferentes tipos de entrenamiento, como cardio, estiramientos o entrenamiento en circuito.

4. **Descansa adecuadamente:** la recuperación y el descanso son fundamentales para evitar el estancamiento. Asegúrate de dormir lo suficiente y de tomar días de descanso cuando lo necesites.

5. **Mantén una alimentación equilibrada:** la nutrición es esencial para la recuperación y el rendimiento. Intenta consumir una cantidad adecuada de proteínas, carbohidratos y grasas saludables.

6. **Establece nuevos objetivos:** a veces, el estancamiento puede ser el resultado de la falta de motivación. Establecer nuevos objetivos o desafíos puede ayudarte a mantener el interés y el enfoque en tu entrenamiento.

Variantes dentro del entrenamiento funcional

Entrenamiento de fuerza

El entrenamiento de fuerza dentro del entrenamiento funcional es una modalidad que se centra en mejorar la capacidad del cuerpo para realizar movimientos y tareas cotidianas. Varias son las ventajas de este método.

Primeramente, el entrenamiento de fuerza funcional puede ser más efectivo que los métodos convencionales, al trabajar varios grupos musculares al mismo tiempo.

Puede trabajar múltiples músculos con un solo ejercicio en vez de tener que hacer un ejercicio para cada uno.

La salud a largo plazo también puede mejorar con el entrenamiento de fuerza funcional. Puede disminuir el peligro de enfermedades crónicas como la diabetes y las enfermedades del corazón al aumentar su resistencia y fuerza. El entrenamiento de fuerza también puede mejorar la densidad ósea, lo que puede disminuir el peligro de desarrollar osteoporosis a medida que envejeces.

Ahora, veamos un ejemplo práctico de un entrenamiento de fuerza funcional:

Circuito de entrenamiento de fuerza funcional

1 **Sentadillas con pesas**
(3 series de 10 repeticiones)

Este ejercicio trabaja los cuádriceps, los glúteos, los isquiotibiales y los músculos del *core*. Asegúrate de mantener la espalda recta y de no dejar que las rodillas se adelanten a los pies.

2 *Press* de pecho con mancuernas
(3 series de 10 repeticiones)

Este ejercicio trabaja los pectorales, los deltoides y los tríceps. Asegúrate de mantener los codos alineados con los hombros y de no arquear la espalda.

3 **Remo con mancuerna**
(3 series de 10 repeticiones por lado)

Este ejercicio trabaja los músculos de la espalda y los bíceps. Asegúrate de mantener la espalda recta y de tirar del codo hacia atrás, manteniéndolo cerca del cuerpo.

4 **Plancha**
(3 series de 30 segundos)

Este ejercicio trabaja los músculos del *core*. Asegúrate de mantener el cuerpo en línea recta desde la cabeza hasta los talones.

Entrenamiento cardiovascular

En el entrenamiento funcional, el entrenamiento cardiovascular se enfoca en mejorar la habilidad de los pulmones y el corazón para proporcionar oxígeno a los músculos durante períodos prolongados de actividad física.

El entrenamiento cardiovascular funcional incorpora una variedad de movimientos y ejercicios que imitan las actividades diarias, en contraste con el entrenamiento cardiovascular tradicional, que con frecuencia incluye actividades repetitivas como correr o andar en bicicleta.

Varias son las ventajas de este método. Primeramente, **el entrenamiento cardiovascular funcional puede ser más efectivo que los métodos convencionales, al trabajar varios grupos musculares al mismo tiempo.** Puede trabajar múltiples músculos con un solo ejercicio en vez de tener que hacer un ejercicio para cada uno.

El entrenamiento cardiovascular funcional también puede **mejorar tu desempeño en las actividades diarias.** Este tipo de entrenamiento puede ayudarte a subir escaleras, correr para coger el autobús o incluso jugar con tus hijos con mayor facilidad y menos fatiga al concentrarse en los movimientos que realizas en tu vida diaria.

Además, puede **contribuir a la salud a largo plazo.** Puede disminuir el peligro de sufrir enfermedades crónicas como la diabetes y la enfermedad cardíaca, al mejorar su resistencia cardiovascular. El entrenamiento cardiovascular también puede **mejorar la composición corporal,** lo que puede disminuir el peligro de desarrollar obesidad y otras enfermedades asociadas.

Ahora, veamos un ejemplo práctico de un entrenamiento cardiovascular funcional:

Circuito de entrenamiento cardiovascular funcional

1 **Saltos de caja** (3 series de 15 repeticiones)

Este ejercicio trabaja los cuádriceps, los glúteos, los isquiotibiales y los músculos del *core*. Asegúrate de aterrizar suavemente y de no dejar que las rodillas se adelanten a los pies.

2 *Burpees* (3 series de 10 repeticiones)

Este ejercicio trabaja todo el cuerpo y aumenta la frecuencia cardíaca. Asegúrate de mantener la espalda recta durante la flexión de pecho y de saltar con fuerza durante el salto vertical.

3 **Correr en el lugar con elevación de rodillas** (3 series de 1 minuto)

Este ejercicio trabaja los músculos del *core* y aumenta la frecuencia cardíaca. Intenta elevar las rodillas hasta la altura de la cintura en cada elevación.

113

4 **Saltos de cuerda** (3 series de 1 minuto)

Este ejercicio trabaja los músculos de las piernas y aumenta la frecuencia cardíaca. Intenta mantener un ritmo constante y aterrizar suavemente en cada salto.

Este circuito ofrece un entrenamiento cardiovascular completo que mejora la salud cardiovascular y la resistencia. Recuerda siempre hacer un enfriamiento después de terminar tu entrenamiento y un calentamiento adecuado antes de comenzar.

Entrenamiento EMOM
(every minute on the minute)

Es un protocolo de entrenamiento de alta intensidad que se utiliza comúnmente en el entrenamiento funcional. La estructura del entrenamiento EMOM es simple: al comienzo de cada minuto, realizas un ejercicio específico, y luego descansas durante el tiempo restante del minuto.

Técnicamente, el entrenamiento EMOM se basa en ciclos de trabajo y descanso.

El ciclo de trabajo es el tiempo que te lleva completar un número determinado de repeticiones de un ejercicio y el ciclo de descanso es el tiempo restante en el minuto después de completar las repeticiones. Este protocolo de entrenamiento permite un control preciso sobre el volumen de entrenamiento (el número total de repeticiones realizadas) y la intensidad del entrenamiento (la cantidad de peso levantado).

El entrenamiento EMOM puede ser utilizado para una variedad de objetivos de entrenamiento, incluyendo la mejora de la resistencia cardiovascular, el aumento de la fuerza muscular y la mejora de la técnica de ejercicio. Además, debido a su naturaleza de alta intensidad, el entrenamiento EMOM puede ser una forma eficiente de quemar calorías y mejorar la composición corporal.

Ahora, veamos un ejemplo práctico de un entrenamiento EMOM:

1. Minuto 1: 15 sentadillas con peso corporal

2. Minuto 2: 12 flexiones

3. Minuto 3: 10 saltos de caja

4. Minuto 4: 8 dominadas

Este ciclo se repetiría durante un total de 20 minutos. En cada minuto, realizarías el ejercicio asignado y luego descansarías durante el tiempo restante del minuto. Así estarías trabajando durante aproximadamente 30 segundos y descansando durante 30 segundos, dependiendo de tu nivel de condición física y la dificultad de los ejercicios.

Entrenamiento Barbara

El entrenamiento Barbara, que proviene del *crossfit,* es una modalidad específica del entrenamiento funcional. Este tipo de entrenamiento es de gran intensidad y combina ejercicios de fuerza, cardio y movimientos de peso corporal. La capacidad cardiovascular, la fuerza y la resistencia son los objetivos principales de este entrenamiento.

El objetivo del entrenamiento Barbara es realizar ejercicios funcionales que imitan los movimientos naturales del cuerpo, como correr, empujar, tirar, levantar y tirar. Este entrenamiento puede mejorar el rendimiento general y la eficiencia de los movimientos porque estos movimientos son esenciales para las actividades diarias y deportivas.

Uno de los beneficios clave del entrenamiento Barbara es que trabaja todo el cuerpo, lo que significa que puedes obtener un entrenamiento completo en una sola sesión. Además, dado que este entrenamiento es de alta intensidad, también puede ayudar a quemar calorías y mejorar la composición corporal.

Veamos ahora un ejemplo práctico de un curso Barbara:

El entrenamiento de Barbara consiste en cinco rondas de cuatro ejercicios distintos, cada uno de los cuales se realiza durante un minuto, con un minuto de descanso entre cada ronda.

Las cuatro actividades son:

1 **Dominadas:** 20 repeticiones

2 **Flexiones:** 30 repeticiones

3 **Abdominales:** 40 repeticiones

4 **Sentadillas:** 50 repeticiones

Comienzas con las dominadas, haces 20 repeticiones lo más rápido posible y descansas durante el minuto restante. Después, haces lo mismo con las flexiones. Las sentadillas y los abdominales siguen de la misma manera. Antes de comenzar la siguiente ronda, descansas un minuto después de terminar todas las repeticiones de los cuatro ejercicios. Este ciclo se repite cinco veces.

Para evitar lesiones, es fundamental recordar que siempre debes realizar los ejercicios con una técnica adecuada.

Puede ajustar el número de repeticiones de los ejercicios para adaptarlos a su nivel de condición física si es principiante.

Entrenamiento AMRAP

(*as many reps as possible* o tantas repeticiones como sea posible)

El objetivo de este tipo de entrenamiento es hacer tantas repeticiones como sea posible de un circuito de ejercicios en un tiempo determinado. Es de alta intensidad.

El entrenamiento AMRAP se basa en ejercicios funcionales que imitan los movimientos del cuerpo natural, como correr, empujar, tirar, levantar y tirar. Este entrenamiento puede mejorar el rendimiento general y la eficiencia de los movimientos porque estos movimientos son esenciales para las actividades diarias y deportivas. Puede obtener un entrenamiento completo en una sola sesión gracias a que trabaja todo el cuerpo, lo cual es una ventaja fundamental del entrenamiento AMRAP. Este entrenamiento de alta intensidad también puede mejorar la composición corporal y ayudar a quemar calorías.

El aspecto psicológico del entrenamiento AMRAP también es crucial. Puede mejorar su resistencia mental y su habilidad para superar sus límites al desafiarte a ti mismo para realizar tantas repeticiones como sea posible en un tiempo determinado. Como te ayuda a enfrentarte a otros desafíos en tu vida con mayor resiliencia y determinación, esto puede tener beneficios más allá del gimnasio.

Veamos un ejemplo práctico de un entrenamiento AMRAP:

15 minutos de entrenamiento AMRAP

1 **Sentadillas con peso corporal:** en un minuto, haz tantas repeticiones como puedas.

2 **Flexiones:** en un minuto, haz tantas repeticiones como puedas.

3 **Saltos de caja:** en un minuto, haga tantas repeticiones como puedas.

Haciendo tantas repeticiones como puedas de cada ejercicio en cada minuto, repite este ciclo durante 15 minutos. El propósito es completar en 15 minutos tantas rondas del circuito como sea posible.

Para evitar lesiones, es fundamental calentar adecuadamente antes de iniciar cualquier entrenamiento y enfriar después. Además, siempre presta atención a tu cuerpo y ajusta la intensidad del entrenamiento según se requiera.

El entrenamiento HIIT

(*high intensity interval training* o entrenamiento de intervalos de alta intensidad)

El entrenamiento HIIT, también conocido como entrenamiento de intervalos de alta intensidad o entrenamiento de intervalos de baja intensidad, es una forma de entrenamiento funcional que se enfoca en realizar intervalos breves de ejercicio intenso después de períodos de recuperación o ejercicio de baja intensidad.

En comparación con los entrenamientos de intensidad moderada, el entrenamiento HIIT es muy efectivo y puede ayudarte a quemar más calorías en menos tiempo. Este tipo de ejercicio también puede aumentar tu metabolismo durante varias horas después del ejercicio; es decir, incluso después de haber terminado de entrenar, seguirás quemando calorías.

¡El entrenamiento HIIT también puede mejorar tu salud cardiovascular!

Al desafiar a tus pulmones y a tu corazón durante períodos de ejercicio intenso, puedes mejorar tu capacidad cardiovascular y reducir el riesgo de enfermedades cardíacas. También es versátil el entrenamiento HIIT y se adapta a una amplia gama de modalidades de entrenamiento. Esto implica que puedes mantener tus entrenamientos fascinantes y desafiantes, lo que puede ayudarte a mantener la motivación y seguir con tu programa de entrenamiento a largo plazo.

Ahora, veamos un ejemplo práctico de un entrenamiento HIIT:

Entrenamiento HIIT de 20 minutos

1. **Calentamiento:** comienza con 5 minutos de ejercicio de baja intensidad para calentar tus músculos y prepararte para el entrenamiento. Esto podría ser una caminata rápida, trote ligero o saltos de cuerda.

2. **Intervalos de alta intensidad:** realiza 30 segundos de un ejercicio de alta intensidad, como *sprints, burpees* o saltos de caja. Debes esforzarte al máximo durante estos 30 segundos.

3. **Intervalos de recuperación:** después de cada intervalo de alta intensidad, realiza 90 segundos de ejercicio de baja intensidad o descanso. Esto podría ser caminar, trotar a un ritmo lento o simplemente descansar.

4. **Repite:** continúa alternando entre los intervalos de alta intensidad y los de recuperación durante 15 minutos.

5. **Enfriamiento:** termina tu entrenamiento con 5 minutos de ejercicio de baja intensidad para enfriar y estirar tus músculos.

Un entrenamiento funcional completo en 15 ejercicios

En este capítulo te presentamos un programa de entrenamiento funcional compuesto por 15 ejercicios esenciales.

Cada ejercicio ha sido seleccionado por su capacidad para mejorar la fuerza, la estabilidad, la movilidad y la condición física general. Este entrenamiento está diseñado para ser realizado en cualquier lugar, utilizando solo tu peso corporal y, en algunos casos, herramientas simples como bandas de resistencia o una silla.

1 Sentadillas *(squats)*

Descripción: las sentadillas son fundamentales para fortalecer las piernas y el *core*.

Técnica:
1. Párate con los pies a la altura de los hombros.
2. Flexiona las rodillas y las caderas para bajar el cuerpo como si te fueras a sentar en una silla.
3. Mantén el pecho erguido y el *core* comprometido.
4. Vuelve a la posición inicial empujando con los talones.

Repeticiones: 3 series de 12 repeticiones.

2 Flexiones *(push-ups)*

Descripción: las flexiones, según la posición de los codos y de las manos, pueden fortalecer el pecho, los hombros, los tríceps y el *core*.

Técnica:

1. Colócate en una posición de plancha con las manos a la altura de los hombros para trabajar tríceps. Si queremos fortalecer el pecho, debemos ampliar el ancho de las muñecas más allá de la altura de los hombros.
2. Flexiona los codos para bajar el pecho hacia el suelo.
3. Empuja hacia arriba para volver a la posición inicial.

Repeticiones: 3 series de 10 repeticiones.

3 Estocadas alternas *(alternating lunges)* o búlgaras

Descripción: las estocadas mejoran la fuerza de las piernas, tanto la parte anterior como la posterior, además de la estabilidad.

Técnica:

1. Da un paso adelante con una pierna y flexiona ambas rodillas.
2. Baja el cuerpo hasta que la rodilla trasera casi toque el suelo.
3. Empuja con el talón delantero para regresar a la posición inicial.

4. Repite con la otra pierna.

Repeticiones: 3 series de 12 repeticiones por pierna.

4 Planchas *(planks)*

Descripción: las planchas fortalecen el *core* y mejoran la estabilidad general.

Técnica:

1. Colócate en posición de plank con los codos apoyados en el suelo.
2. Mantén el cuerpo en línea recta desde la cabeza hasta los talones.
3. Mantén la posición el tiempo indicado.

Duración: mantén durante 30-60 segundos, 3 veces.

5 Puentes de glúteos *(glute bridges)*

Descripción: este ejercicio fortalece los glúteos y la parte baja de la espalda.

Técnica:

1. Acuéstate boca arriba con las rodillas flexionadas y los pies apoyados en el suelo.
2. Eleva las caderas hacia el techo apretando los glúteos.
3. Baja las caderas de nuevo al suelo.

Repeticiones: 3 series de 15 repeticiones.

6 Remo invertido *(inverted rows)*

Descripción: el remo invertido fortalece la espalda, los hombros y el *core*.

Técnica:

1. Colócate debajo de una barra fija con las manos agarradas a la barra.
2. Tira de tu pecho hacia la barra manteniendo el cuerpo recto.
3. Baja el cuerpo de manera controlada.

Repeticiones: 3 series de 10 repeticiones.

7 Saltos de tijera *(jumping jacks)*

Descripción: este ejercicio cardiovascular mejora la resistencia y la agilidad.

Técnica:

1. Párate con los pies juntos y las manos a los lados.
2. Salta y separa los pies mientras llevas las manos por encima de la cabeza.
3. Salta de nuevo para regresar a la posición inicial.

Repeticiones: 3 series de 20 repeticiones.

8 Flexiones diamante *(diamond push-ups)*

Descripción: este tipo de flexión pone más énfasis en los tríceps.

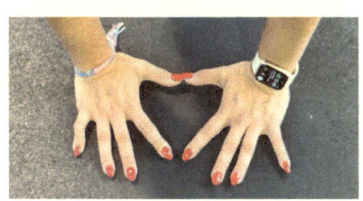

Técnica:

1. Colócate en posición de flexión con las manos juntas formando un diamante bajo el pecho.
2. Flexiona los codos para bajar el pecho hacia las manos.
3. Empuja hacia arriba para volver a la posición inicial.

Repeticiones: 3 series de 8 repeticiones.

9 Plancha lateral *(side plank)*

Descripción: la plancha lateral fortalece los oblicuos y mejora la estabilidad del *core*.

Técnica:

1. Acuéstate de lado y apóyate sobre un codo.
2. Eleva las caderas formando una línea recta desde los pies hasta los hombros.
3. Mantén la posición el tiempo indicado.

Duración: mantén durante 20-30 segundos por lado, 3 veces.

10 Escaladores *(mountain climbers)*

Descripción: este ejercicio cardiovascular también fortalece el *core* y las piernas.

Técnica:

1. Colócate en posición de *plank* con las manos a la altura de los hombros.
2. Lleva una rodilla hacia el pecho y luego regresa a la posición inicial.
3. Alterna rápidamente entre ambas rodillas.

Repeticiones: 3 series de 20 repeticiones por pierna.

129

11 Sentadillas con salto *(jump squats)*

Descripción: añade un componente explosivo a las sentadillas para trabajar la potencia y la resistencia.

Técnica:
1. Realiza una sentadilla estándar.
2. Salta explosivamente hacia arriba al llegar al punto más bajo.
3. Aterriza suavemente y baja directamente a la siguiente sentadilla.

Repeticiones: 3 series de 10 repeticiones.

12 Estocadas con rotación *(lunges with twist)*

Descripción: este ejercicio trabaja el *core* y mejora la estabilidad y la coordinación.

Técnica:
1. Da un paso adelante con una pierna y flexiona ambas rodillas.
2. Mientras bajas, gira el torso hacia la pierna delantera.
3. Regresa a la posición inicial y repite con la otra pierna.

Repeticiones: 3 series de 10 repeticiones por pierna.

13 Supermán

Descripción: el ejercicio Supermán fortalece la espalda baja, los glúteos y los hombros.

Técnica:
1. Acuéstate boca abajo con los brazos extendidos frente a ti.
2. Eleva simultáneamente los brazos, el pecho y las piernas del suelo.
3. Mantén la posición por un momento antes de regresar al suelo.

Repeticiones: 3 series de 15 repeticiones.

14 *Burpees*

Descripción: los *burpees* son un ejercicio cardiovascular de cuerpo completo que mejora la fuerza y la resistencia.

Técnica:
1. Desde una posición de pie, baja en cuclillas y coloca las manos en el suelo.
2. Salta los pies hacia atrás para entrar en una posición de flexión.
3. Realiza una flexión y luego salta los pies de nuevo hacia las manos.
4. Salta explosivamente hacia arriba desde la posición en cuclillas.

Repeticiones: 3 series de 10 repeticiones.

15 *Plank* con elevación de pierna *(plank with leg lift)*

Descripción: este ejercicio combina la estabilidad del *core* con el trabajo de los glúteos.

Técnica:

1. Colócate en posición de *plank* con los codos apoyados en el suelo.
2. Eleva una pierna hacia arriba, manteniendo la cadera nivelada.
3. Baja la pierna y repite con la otra.

Repeticiones: 3 series de 10 repeticiones por pierna.

Conclusión

Estos 15 ejercicios forman un entrenamiento funcional completo que abarca todos los grupos musculares principales y trabaja tanto la fuerza como la resistencia cardiovascular.

Al incorporar estos ejercicios en tu rutina, mejorarás tu condición física general y estarás mejor preparado para las demandas físicas del día a día. Recuerda que debes ajustar la intensidad y la cantidad de repeticiones a tu nivel de condición física y progresar de manera gradual para evitar lesiones.

¡Prepárate para descubrir el poder transformador del entrenamiento funcional!

Y recuerda: en todas las rutinas de entrenamiento debemos **activar el abdomen, mantener el pecho activo y la espalda recta, controlar la respiración y no bloquear las articulaciones.**

Sobre Body Lab Workout

En Body Lab Workout nuestra misión es simple pero poderosa: ayudar a las personas a alcanzar su máximo potencial físico y mental, mientras se divierten y se conectan con otros. Creemos que el fitness es más que solo ejercicio; es una forma de vida que mejora todos los aspectos de nuestras vidas.

Nuestro lema es:

Entrena tu cuerpo, libera tu mente.

Body Lab nace en el año 2021, un periodo marcado por las consecuencias de la pandemia ocasionada por la COVID-19. Durante este tiempo, los gimnasios vieron cómo los usuarios demandaban espacios más grandes y controlados donde poder realizar deporte de forma saludable pero controlada.

Este centro deportivo comienza a realizar los entrenamientos funcionales al aire libre durante el periodo de verano del año 2021, poniendo énfasis en el entrenamiento en grupo reducido donde fomentar las conexiones sociales y los entrenamientos dirigidos y personalizados.

Actualmente, Body Lab Workout S. L. es un centro deportivo afincado en la localidad madrileña de Fuente El Saz del Jarama, al norte de la Comunidad de Madrid.

Su filosofía actual combina entrenamientos funcionales en grupos reducidos con la modalidad de ciclo *indoor,* técnicas hipopresivas y nutrición deportiva.

Todas las modalidades fusionadas buscan ofrecer a los socios del centro una experiencia deportiva completa, en la que se prioriza la personalización del entrenamiento, la consecución de objetivos individuales de cada usuario a través del entrenamiento en grupo, así como el seguimiento de cada uno.

Participa en el **Club GuíaBurros** para estar informado de las últimas novedades editoriales y disfrutar de las ventajas, promociones y condiciones especiales de los socios de nuestro club.

Puedes encontrar toda la información en:

www.guiaburros.es
www.editatum.com

Puedes seguirnos también en Youtube y en nuestras redes sociales:

facebook.com/guiaburros

www.youtube.com/c/GuíaBurros

@ guia_burros

@guiaburros

EDITATUM

Libros para crecer

www.editatum.com